DIESES BUCH GEHÖRT

____

____

____

____

DATUM: .... DAUER: ....

DAS HABE ICH TRAINIERT: ....
....
....

DAS KANN ICH NÄCHSTES MAL BESSER MACHEN: ....
....
....

DAS HAT MEIN TRAINER GESAGT: ....
....
....

NOTIZEN: ....
....
....
....
....
....

SO WAR MEIN PFERD HEUTE GELAUNT
....
SO WAR ICH HEUTE GELAUNT
....
GESAMTBEWERTUNG
....

DATUM: .... DAUER: ....

DAS HABE ICH TRAINIERT: ....
....
....

DAS KANN ICH NÄCHSTES MAL BESSER MACHEN: ....
....
....

DAS HAT MEIN TRAINER GESAGT: ....
....
....

NOTIZEN: ....
....
....
....
....
....

SO WAR MEIN PFERD HEUTE GELAUNT
....
SO WAR ICH HEUTE GELAUNT
....
GESAMTBEWERTUNG
....

DATUM: .... DAUER: ....

DAS HABE ICH TRAINIERT: ....

....

....

DAS KANN ICH NÄCHSTES MAL BESSER MACHEN: ....

....

....

DAS HAT MEIN TRAINER GESAGT: ....

....

....

NOTIZEN: ....

....

....

....

....

SO WAR MEIN PFERD HEUTE GELAUNT

....

SO WAR ICH HEUTE GELAUNT

....

GESAMTBEWERTUNG

....

DATUM: .... DAUER: ....

DAS HABE ICH TRAINIERT: ....
....
....

DAS KANN ICH NÄCHSTES MAL BESSER MACHEN: ....
....
....

DAS HAT MEIN TRAINER GESAGT: ....
....
....

NOTIZEN: ....
....
....
....
....

SO WAR MEIN PFERD HEUTE GELAUNT
....
SO WAR ICH HEUTE GELAUNT
....
GESAMTBEWERTUNG
....

DATUM: .... DAUER: ....

DAS HABE ICH TRAINIERT: ....

....

....

DAS KANN ICH NÄCHSTES MAL BESSER MACHEN: ....

....

....

DAS HAT MEIN TRAINER GESAGT: ....

....

....

NOTIZEN: ....

....

....

....

....

SO WAR MEIN PFERD HEUTE GELAUNT

....

SO WAR ICH HEUTE GELAUNT

....

GESAMTBEWERTUNG

....

DATUM: .... DAUER: ....

DAS HABE ICH TRAINIERT: ....

....

....

DAS KANN ICH NÄCHSTES MAL BESSER MACHEN: ....

....

....

DAS HAT MEIN TRAINER GESAGT: ....

....

....

NOTIZEN: ....

....

....

....

....

SO WAR MEIN PFERD HEUTE GELAUNT

....

SO WAR ICH HEUTE GELAUNT

....

GESAMTBEWERTUNG

....

DATUM: .... DAUER: ....

DAS HABE ICH TRAINIERT: ....

....

....

DAS KANN ICH NÄCHSTES MAL BESSER MACHEN: ....

....

....

DAS HAT MEIN TRAINER GESAGT: ....

....

....

NOTIZEN: ....

....

....

....

....

....

SO WAR MEIN PFERD HEUTE GELAUNT

....

SO WAR ICH HEUTE GELAUNT

....

GESAMTBEWERTUNG

....

DATUM: .... DAUER: ....

DAS HABE ICH TRAINIERT: ....

....

....

DAS KANN ICH NÄCHSTES MAL BESSER MACHEN: ....

....

....

DAS HAT MEIN TRAINER GESAGT: ....

....

....

NOTIZEN: ....

....

....

....

....

SO WAR MEIN PFERD HEUTE GELAUNT

....

SO WAR ICH HEUTE GELAUNT

....

GESAMTBEWERTUNG

....

DATUM: .... DAUER: ....

DAS HABE ICH TRAINIERT: ....
....
....

DAS KANN ICH NÄCHSTES MAL BESSER MACHEN: ....
....
....

DAS HAT MEIN TRAINER GESAGT: ....
....
....

NOTIZEN: ....
....
....
....
....

SO WAR MEIN PFERD HEUTE GELAUNT
....
SO WAR ICH HEUTE GELAUNT
....
GESAMTBEWERTUNG
....

DATUM: .... DAUER: ....

DAS HABE ICH TRAINIERT: ....

....

....

DAS KANN ICH NÄCHSTES MAL BESSER MACHEN: ....

....

....

DAS HAT MEIN TRAINER GESAGT: ....

....

....

NOTIZEN: ....

....

....

....

....

....

SO WAR MEIN PFERD HEUTE GELAUNT

....

SO WAR ICH HEUTE GELAUNT

....

GESAMTBEWERTUNG

....

DATUM: .... DAUER: ....

DAS HABE ICH TRAINIERT: ....
....
....

DAS KANN ICH NÄCHSTES MAL BESSER MACHEN: ....
....
....

DAS HAT MEIN TRAINER GESAGT: ....
....
....

NOTIZEN: ....
....
....
....
....
....

SO WAR MEIN PFERD HEUTE GELAUNT
....
SO WAR ICH HEUTE GELAUNT
....
GESAMTBEWERTUNG

....

DATUM: .... DAUER: ....

DAS HABE ICH TRAINIERT: ....

....

....

DAS KANN ICH NÄCHSTES MAL BESSER MACHEN:.............................

....

....

DAS HAT MEIN TRAINER GESAGT:..

....

....

NOTIZEN:...

....

....

....

....

SO WAR MEIN PFERD HEUTE GELAUNT

....

SO WAR ICH HEUTE GELAUNT

....

GESAMTBEWERTUNG

....

DATUM: .... DAUER: ....

DAS HABE ICH TRAINIERT: ....

....

....

DAS KANN ICH NÄCHSTES MAL BESSER MACHEN: ....

....

....

DAS HAT MEIN TRAINER GESAGT: ....

....

....

NOTIZEN: ....

....

....

....

....

SO WAR MEIN PFERD HEUTE GELAUNT
....
SO WAR ICH HEUTE GELAUNT
....
GESAMTBEWERTUNG
....

DATUM: .... DAUER: ....

DAS HABE ICH TRAINIERT: ....
....
....

DAS KANN ICH NÄCHSTES MAL BESSER MACHEN: ....
....
....

DAS HAT MEIN TRAINER GESAGT: ....
....
....

NOTIZEN: ....
....
....
....
....
....

SO WAR MEIN PFERD HEUTE GELAUNT
....
SO WAR ICH HEUTE GELAUNT
....
GESAMTBEWERTUNG
....

DATUM: .... DAUER: ....

DAS HABE ICH TRAINIERT: ....

....

....

DAS KANN ICH NÄCHSTES MAL BESSER MACHEN: ....

....

....

DAS HAT MEIN TRAINER GESAGT: ....

....

....

NOTIZEN: ....

....

....

....

....

SO WAR MEIN PFERD HEUTE GELAUNT

....

SO WAR ICH HEUTE GELAUNT

....

GESAMTBEWERTUNG

....

DATUM: .... DAUER: ....

DAS HABE ICH TRAINIERT: ....
....
....

DAS KANN ICH NÄCHSTES MAL BESSER MACHEN: ....
....
....

DAS HAT MEIN TRAINER GESAGT: ....
....
....

NOTIZEN: ....
....
....
....
....

SO WAR MEIN PFERD HEUTE GELAUNT
....

SO WAR ICH HEUTE GELAUNT
....

GESAMTBEWERTUNG
....

DATUM: .... DAUER: ....

DAS HABE ICH TRAINIERT: ....
....
....

DAS KANN ICH NÄCHSTES MAL BESSER MACHEN: ....
....
....

DAS HAT MEIN TRAINER GESAGT: ....
....
....

NOTIZEN: ....
....
....
....
....

SO WAR MEIN PFERD HEUTE GELAUNT
....
SO WAR ICH HEUTE GELAUNT
....
GESAMTBEWERTUNG
....

DATUM: .... DAUER: ....

DAS HABE ICH TRAINIERT: ....

....

....

DAS KANN ICH NÄCHSTES MAL BESSER MACHEN: ....

....

....

DAS HAT MEIN TRAINER GESAGT: ....

....

....

NOTIZEN: ....

....

....

....

....

SO WAR MEIN PFERD HEUTE GELAUNT

....

SO WAR ICH HEUTE GELAUNT

....

GESAMTBEWERTUNG

....

DATUM: .... DAUER: ....

DAS HABE ICH TRAINIERT: ....
....
....

DAS KANN ICH NÄCHSTES MAL BESSER MACHEN: ....
....
....

DAS HAT MEIN TRAINER GESAGT: ....
....
....

NOTIZEN: ....
....
....
....
....

SO WAR MEIN PFERD HEUTE GELAUNT
....
SO WAR ICH HEUTE GELAUNT
....
GESAMTBEWERTUNG
....

DATUM: ....   DAUER: ....

DAS HABE ICH TRAINIERT: ....

....

....

DAS KANN ICH NÄCHSTES MAL BESSER MACHEN: ....

....

....

DAS HAT MEIN TRAINER GESAGT: ....

....

....

NOTIZEN: ....

....

....

....

....

SO WAR MEIN PFERD HEUTE GELAUNT

....

SO WAR ICH HEUTE GELAUNT

....

GESAMTBEWERTUNG

....

DATUM: _______________________   DAUER: _______________

DAS HABE ICH TRAINIERT: _______________________________
____
____

DAS KANN ICH NÄCHSTES MAL BESSER MACHEN: ______________
____
____

DAS HAT MEIN TRAINER GESAGT: __________________________
____
____

NOTIZEN: ____
____
____
____
____

SO WAR MEIN PFERD HEUTE GELAUNT
____

SO WAR ICH HEUTE GELAUNT
____

GESAMTBEWERTUNG
____

DATUM: .... DAUER: ....

DAS HABE ICH TRAINIERT: ....

....

....

DAS KANN ICH NÄCHSTES MAL BESSER MACHEN: ....

....

....

DAS HAT MEIN TRAINER GESAGT: ....

....

....

NOTIZEN: ....

....

....

....

....

....

SO WAR MEIN PFERD HEUTE GELAUNT

SO WAR ICH HEUTE GELAUNT

GESAMTBEWERTUNG

DATUM: .... DAUER: ....

DAS HABE ICH TRAINIERT: ....

....

....

DAS KANN ICH NÄCHSTES MAL BESSER MACHEN:...........

....

....

DAS HAT MEIN TRAINER GESAGT: ....

....

....

NOTIZEN: ....

....

....

....

....

SO WAR MEIN PFERD HEUTE GELAUNT
....
SO WAR ICH HEUTE GELAUNT
....
GESAMTBEWERTUNG
....

DATUM: .... DAUER: ....

DAS HABE ICH TRAINIERT: ....

....

....

DAS KANN ICH NÄCHSTES MAL BESSER MACHEN: ....

....

....

DAS HAT MEIN TRAINER GESAGT: ....

....

....

NOTIZEN: ....

....

....

....

....

SO WAR MEIN PFERD HEUTE GELAUNT

....

SO WAR ICH HEUTE GELAUNT

....

GESAMTBEWERTUNG

....

DATUM: DAUER:

DAS HABE ICH TRAINIERT:

DAS KANN ICH NÄCHSTES MAL BESSER MACHEN:

DAS HAT MEIN TRAINER GESAGT:

NOTIZEN:

SO WAR MEIN PFERD HEUTE GELAUNT

SO WAR ICH HEUTE GELAUNT

GESAMTBEWERTUNG

DATUM: .... DAUER: ....

DAS HABE ICH TRAINIERT: ....
....
....

DAS KANN ICH NÄCHSTES MAL BESSER MACHEN: ....
....
....

DAS HAT MEIN TRAINER GESAGT: ....
....
....

NOTIZEN: ....
....
....
....
....
....

SO WAR MEIN PFERD HEUTE GELAUNT
....

SO WAR ICH HEUTE GELAUNT
....

GESAMTBEWERTUNG
....

DATUM: .... DAUER: ....

DAS HABE ICH TRAINIERT:
....
....
....

DAS KANN ICH NÄCHSTES MAL BESSER MACHEN: ....
....
....

DAS HAT MEIN TRAINER GESAGT: ....
....
....

NOTIZEN: ....
....
....
....
....

SO WAR MEIN PFERD HEUTE GELAUNT
....

SO WAR ICH HEUTE GELAUNT
....

GESAMTBEWERTUNG
....

DATUM: .... DAUER: ....

DAS HABE ICH TRAINIERT: ....
....
....

DAS KANN ICH NÄCHSTES MAL BESSER MACHEN: ....
....
....

DAS HAT MEIN TRAINER GESAGT: ....
....
....

NOTIZEN: ....
....
....
....
....
....

SO WAR MEIN PFERD HEUTE GELAUNT
....
SO WAR ICH HEUTE GELAUNT
....
GESAMTBEWERTUNG
....

DATUM: .... DAUER: ....

DAS HABE ICH TRAINIERT: ....

....

....

DAS KANN ICH NÄCHSTES MAL BESSER MACHEN: ....

....

....

DAS HAT MEIN TRAINER GESAGT: ....

....

....

NOTIZEN: ....

....

....

....

....

SO WAR MEIN PFERD HEUTE GELAUNT

....

SO WAR ICH HEUTE GELAUNT

....

GESAMTBEWERTUNG

....

DATUM: DAUER:

DAS HABE ICH TRAINIERT:

DAS KANN ICH NÄCHSTES MAL BESSER MACHEN:

DAS HAT MEIN TRAINER GESAGT:

NOTIZEN:

SO WAR MEIN PFERD HEUTE GELAUNT

SO WAR ICH HEUTE GELAUNT

GESAMTBEWERTUNG

DATUM: .... DAUER: ....

DAS HABE ICH TRAINIERT: ....
....
....

DAS KANN ICH NÄCHSTES MAL BESSER MACHEN: ....
....
....

DAS HAT MEIN TRAINER GESAGT: ....
....
....

NOTIZEN: ....
....
....
....
....

SO WAR MEIN PFERD HEUTE GELAUNT
....

SO WAR ICH HEUTE GELAUNT
....

GESAMTBEWERTUNG
....

DATUM: .... DAUER: ....

DAS HABE ICH TRAINIERT: ....
....
....

DAS KANN ICH NÄCHSTES MAL BESSER MACHEN: ....
....
....

DAS HAT MEIN TRAINER GESAGT: ....
....
....

NOTIZEN: ....
....
....
....
....
....

SO WAR MEIN PFERD HEUTE GELAUNT
....
SO WAR ICH HEUTE GELAUNT
....
GESAMTBEWERTUNG
....

DATUM: .... DAUER: ....

DAS HABE ICH TRAINIERT: ....
....
....

DAS KANN ICH NÄCHSTES MAL BESSER MACHEN: ....
....
....

DAS HAT MEIN TRAINER GESAGT: ....
....
....

NOTIZEN: ....
....
....
....
....

SO WAR MEIN PFERD HEUTE GELAUNT
....
SO WAR ICH HEUTE GELAUNT
....
GESAMTBEWERTUNG
....

DATUM: .... DAUER: ....

DAS HABE ICH TRAINIERT: ....

....

....

DAS KANN ICH NÄCHSTES MAL BESSER MACHEN: ....

....

....

DAS HAT MEIN TRAINER GESAGT: ....

....

....

NOTIZEN: ....

....

....

....

....

SO WAR MEIN PFERD HEUTE GELAUNT

....

SO WAR ICH HEUTE GELAUNT

....

GESAMTBEWERTUNG

....

DATUM: .... DAUER: ....

DAS HABE ICH TRAINIERT: ....

....

....

DAS KANN ICH NÄCHSTES MAL BESSER MACHEN: ....

....

....

DAS HAT MEIN TRAINER GESAGT: ....

....

....

NOTIZEN: ....

....

....

....

....

SO WAR MEIN PFERD HEUTE GELAUNT

....

SO WAR ICH HEUTE GELAUNT

....

GESAMTBEWERTUNG

....

DATUM: DAUER:

DAS HABE ICH TRAINIERT:

DAS KANN ICH NÄCHSTES MAL BESSER MACHEN:

DAS HAT MEIN TRAINER GESAGT:

NOTIZEN:

SO WAR MEIN PFERD HEUTE GELAUNT

SO WAR ICH HEUTE GELAUNT

GESAMTBEWERTUNG

DATUM: .... DAUER: ....

DAS HABE ICH TRAINIERT: ....

....

....

DAS KANN ICH NÄCHSTES MAL BESSER MACHEN: ....

....

....

DAS HAT MEIN TRAINER GESAGT: ....

....

....

NOTIZEN: ....

....

....

....

....

....

SO WAR MEIN PFERD HEUTE GELAUNT

....

SO WAR ICH HEUTE GELAUNT

....

GESAMTBEWERTUNG

....

DATUM: .... DAUER: ....

DAS HABE ICH TRAINIERT: ....
....
....

DAS KANN ICH NÄCHSTES MAL BESSER MACHEN: ....
....
....

DAS HAT MEIN TRAINER GESAGT: ....
....
....

NOTIZEN: ....
....
....
....
....
....

SO WAR MEIN PFERD HEUTE GELAUNT
....
SO WAR ICH HEUTE GELAUNT
....
GESAMTBEWERTUNG
....

DATUM: .... DAUER: ....

DAS HABE ICH TRAINIERT:
....
....
....

DAS KANN ICH NÄCHSTES MAL BESSER MACHEN: ....
....
....
....

DAS HAT MEIN TRAINER GESAGT: ....
....
....
....

NOTIZEN: ....
....
....
....
....
....

SO WAR MEIN PFERD HEUTE GELAUNT
....

SO WAR ICH HEUTE GELAUNT
....

GESAMTBEWERTUNG
....

DATUM: .... DAUER: ....

DAS HABE ICH TRAINIERT: ....

....

....

DAS KANN ICH NÄCHSTES MAL BESSER MACHEN: ....

....

....

DAS HAT MEIN TRAINER GESAGT: ....

....

....

NOTIZEN: ....

....

....

....

....

SO WAR MEIN PFERD HEUTE GELAUNT

SO WAR ICH HEUTE GELAUNT

GESAMTBEWERTUNG

DATUM: .... DAUER: ....

DAS HABE ICH TRAINIERT: ....
....
....

DAS KANN ICH NÄCHSTES MAL BESSER MACHEN:.................................
....
....

DAS HAT MEIN TRAINER GESAGT: ....
....
....

NOTIZEN: ....
....
....
....
....

SO WAR MEIN PFERD HEUTE GELAUNT
....
SO WAR ICH HEUTE GELAUNT
....
GESAMTBEWERTUNG

....

DATUM: DAUER:

DAS HABE ICH TRAINIERT:

DAS KANN ICH NÄCHSTES MAL BESSER MACHEN:

DAS HAT MEIN TRAINER GESAGT:

NOTIZEN:

SO WAR MEIN PFERD HEUTE GELAUNT

SO WAR ICH HEUTE GELAUNT

GESAMTBEWERTUNG

DATUM: .... DAUER: ....

DAS HABE ICH TRAINIERT: ....

....

....

DAS KANN ICH NÄCHSTES MAL BESSER MACHEN:.............

....

....

DAS HAT MEIN TRAINER GESAGT:..............................

....

....

NOTIZEN:...

....

....

....

....

SO WAR MEIN PFERD HEUTE GELAUNT

SO WAR ICH HEUTE GELAUNT

GESAMTBEWERTUNG

....

DATUM: .... DAUER: ....

DAS HABE ICH TRAINIERT: ....

....

....

DAS KANN ICH NÄCHSTES MAL BESSER MACHEN: ....

....

....

DAS HAT MEIN TRAINER GESAGT: ....

....

....

NOTIZEN: ....

....

....

....

....

SO WAR MEIN PFERD HEUTE GELAUNT

....

SO WAR ICH HEUTE GELAUNT

....

GESAMTBEWERTUNG

....

DATUM: .... DAUER: ....

DAS HABE ICH TRAINIERT: ....

....

....

DAS KANN ICH NÄCHSTES MAL BESSER MACHEN: ....

....

....

DAS HAT MEIN TRAINER GESAGT: ....

....

....

NOTIZEN: ....

....

....

....

....

SO WAR MEIN PFERD HEUTE GELAUNT

....

SO WAR ICH HEUTE GELAUNT

....

GESAMTBEWERTUNG

....

DATUM: .... DAUER: ....

DAS HABE ICH TRAINIERT: ....
....
....

DAS KANN ICH NÄCHSTES MAL BESSER MACHEN: ....
....
....

DAS HAT MEIN TRAINER GESAGT: ....
....
....

NOTIZEN: ....
....
....
....
....

SO WAR MEIN PFERD HEUTE GELAUNT
....
SO WAR ICH HEUTE GELAUNT
....
GESAMTBEWERTUNG
....

DATUM: .... DAUER: ....

DAS HABE ICH TRAINIERT: ....
....
....

DAS KANN ICH NÄCHSTES MAL BESSER MACHEN: ....
....
....

DAS HAT MEIN TRAINER GESAGT: ....
....
....

NOTIZEN: ....
....
....
....
....

SO WAR MEIN PFERD HEUTE GELAUNT
....
SO WAR ICH HEUTE GELAUNT
....
GESAMTBEWERTUNG
....

DATUM: .... DAUER: ....

DAS HABE ICH TRAINIERT: ....
....
....

DAS KANN ICH NÄCHSTES MAL BESSER MACHEN: ....
....
....

DAS HAT MEIN TRAINER GESAGT: ....
....
....

NOTIZEN: ....
....
....
....
....

SO WAR MEIN PFERD HEUTE GELAUNT
....

SO WAR ICH HEUTE GELAUNT
....

GESAMTBEWERTUNG
....

DATUM: .... DAUER: ....

DAS HABE ICH TRAINIERT: ....

....

....

DAS KANN ICH NÄCHSTES MAL BESSER MACHEN:..............

....

....

DAS HAT MEIN TRAINER GESAGT:......................................

....

....

NOTIZEN:...

....

....

....

....

SO WAR MEIN PFERD HEUTE GELAUNT

SO WAR ICH HEUTE GELAUNT

GESAMTBEWERTUNG

DATUM: .... DAUER: ....

DAS HABE ICH TRAINIERT: ....
....
....

DAS KANN ICH NÄCHSTES MAL BESSER MACHEN: ....
....
....

DAS HAT MEIN TRAINER GESAGT: ....
....
....

NOTIZEN: ....
....
....
....
....
....

SO WAR MEIN PFERD HEUTE GELAUNT
....
SO WAR ICH HEUTE GELAUNT
....
GESAMTBEWERTUNG
....

DATUM: .... DAUER: ....

DAS HABE ICH TRAINIERT: ....

....

....

DAS KANN ICH NÄCHSTES MAL BESSER MACHEN: ....

....

....

DAS HAT MEIN TRAINER GESAGT: ....

....

....

NOTIZEN: ....

....

....

....

....

SO WAR MEIN PFERD HEUTE GELAUNT

....

SO WAR ICH HEUTE GELAUNT

....

GESAMTBEWERTUNG

....

DATUM: .... DAUER: ....

DAS HABE ICH TRAINIERT: ....
....
....

DAS KANN ICH NÄCHSTES MAL BESSER MACHEN: ....
....
....

DAS HAT MEIN TRAINER GESAGT: ....
....
....

NOTIZEN: ....
....
....
....
....

SO WAR MEIN PFERD HEUTE GELAUNT
....
SO WAR ICH HEUTE GELAUNT
....
GESAMTBEWERTUNG
....

DATUM: .... DAUER: ....

DAS HABE ICH TRAINIERT: ....

....

....

DAS KANN ICH NÄCHSTES MAL BESSER MACHEN: ....

....

....

DAS HAT MEIN TRAINER GESAGT: ....

....

....

NOTIZEN: ....

....

....

....

....

SO WAR MEIN PFERD HEUTE GELAUNT

....

SO WAR ICH HEUTE GELAUNT

....

GESAMTBEWERTUNG

....

DATUM: .... DAUER: ....

DAS HABE ICH TRAINIERT: ....
....
....

DAS KANN ICH NÄCHSTES MAL BESSER MACHEN:.........................
....
....

DAS HAT MEIN TRAINER GESAGT: ....
....
....

NOTIZEN: ....
....
....
....
....

SO WAR MEIN PFERD HEUTE GELAUNT
....
SO WAR ICH HEUTE GELAUNT
....
GESAMTBEWERTUNG
....

DATUM: ____________________________   DAUER: __________

DAS HABE ICH TRAINIERT: ___________________________
....
....

DAS KANN ICH NÄCHSTES MAL BESSER MACHEN:..............
....
....

DAS HAT MEIN TRAINER GESAGT:...............................
....
....

NOTIZEN:...
....
....
....
....
....

SO WAR MEIN PFERD HEUTE GELAUNT
....
SO WAR ICH HEUTE GELAUNT
....
GESAMTBEWERTUNG
....

DATUM: .... DAUER: ....

DAS HABE ICH TRAINIERT: ....

....

....

DAS KANN ICH NÄCHSTES MAL BESSER MACHEN: ....

....

....

DAS HAT MEIN TRAINER GESAGT: ....

....

....

NOTIZEN: ....

....

....

....

....

SO WAR MEIN PFERD HEUTE GELAUNT

....

SO WAR ICH HEUTE GELAUNT

....

GESAMTBEWERTUNG

....

DATUM: .... DAUER: ....

DAS HABE ICH TRAINIERT: ....

....

....

DAS KANN ICH NÄCHSTES MAL BESSER MACHEN: ....

....

....

DAS HAT MEIN TRAINER GESAGT: ....

....

....

NOTIZEN: ....

....

....

....

....

SO WAR MEIN PFERD HEUTE GELAUNT

....

SO WAR ICH HEUTE GELAUNT

....

GESAMTBEWERTUNG

....

DATUM: .... DAUER: ....

DAS HABE ICH TRAINIERT: ....
....
....

DAS KANN ICH NÄCHSTES MAL BESSER MACHEN: ....
....
....

DAS HAT MEIN TRAINER GESAGT: ....
....
....

NOTIZEN: ....
....
....
....
....
....

SO WAR MEIN PFERD HEUTE GELAUNT
....
SO WAR ICH HEUTE GELAUNT
....
GESAMTBEWERTUNG
....

DATUM: .... DAUER: ....

DAS HABE ICH TRAINIERT: ....

....

....

DAS KANN ICH NÄCHSTES MAL BESSER MACHEN: ....

....

....

DAS HAT MEIN TRAINER GESAGT: ....

....

....

NOTIZEN: ....

....

....

....

....

SO WAR MEIN PFERD HEUTE GELAUNT
....
SO WAR ICH HEUTE GELAUNT
....
GESAMTBEWERTUNG
....

DATUM: .... DAUER: ....

DAS HABE ICH TRAINIERT: ....
....
....

DAS KANN ICH NÄCHSTES MAL BESSER MACHEN: ....
....
....

DAS HAT MEIN TRAINER GESAGT: ....
....
....

NOTIZEN: ....
....
....
....
....
....

SO WAR MEIN PFERD HEUTE GELAUNT
....

SO WAR ICH HEUTE GELAUNT
....

GESAMTBEWERTUNG
....

DATUM: .... DAUER: ....

DAS HABE ICH TRAINIERT: ....

....

....

DAS KANN ICH NÄCHSTES MAL BESSER MACHEN:.................

....

....

DAS HAT MEIN TRAINER GESAGT: ....

....

....

NOTIZEN: ....

....

....

....

....

SO WAR MEIN PFERD HEUTE GELAUNT

....

SO WAR ICH HEUTE GELAUNT

....

GESAMTBEWERTUNG

....

DATUM: .... DAUER: ....

DAS HABE ICH TRAINIERT: ....

....

....

DAS KANN ICH NÄCHSTES MAL BESSER MACHEN: ....

....

....

DAS HAT MEIN TRAINER GESAGT: ....

....

....

NOTIZEN: ....

....

....

....

....

SO WAR MEIN PFERD HEUTE GELAUNT

....

SO WAR ICH HEUTE GELAUNT

....

GESAMTBEWERTUNG

....

DATUM: .... DAUER: ....

DAS HABE ICH TRAINIERT: ....
....
....

DAS KANN ICH NÄCHSTES MAL BESSER MACHEN: ....
....
....

DAS HAT MEIN TRAINER GESAGT: ....
....
....

NOTIZEN: ....
....
....
....
....

SO WAR MEIN PFERD HEUTE GELAUNT
....
SO WAR ICH HEUTE GELAUNT
....
GESAMTBEWERTUNG
....

DATUM: DAUER:

DAS HABE ICH TRAINIERT:

DAS KANN ICH NÄCHSTES MAL BESSER MACHEN:

DAS HAT MEIN TRAINER GESAGT:

NOTIZEN:

SO WAR MEIN PFERD HEUTE GELAUNT

SO WAR ICH HEUTE GELAUNT

GESAMTBEWERTUNG

DATUM: .... DAUER: ....

DAS HABE ICH TRAINIERT: ....

....

....

DAS KANN ICH NÄCHSTES MAL BESSER MACHEN: ....

....

....

DAS HAT MEIN TRAINER GESAGT: ....

....

....

NOTIZEN: ....

....

....

....

....

SO WAR MEIN PFERD HEUTE GELAUNT

....

SO WAR ICH HEUTE GELAUNT

....

GESAMTBEWERTUNG

....

DATUM: .... DAUER: ....

DAS HABE ICH TRAINIERT: ....

....

....

DAS KANN ICH NÄCHSTES MAL BESSER MACHEN: ....

....

....

DAS HAT MEIN TRAINER GESAGT: ....

....

....

NOTIZEN: ....

....

....

....

....

SO WAR MEIN PFERD HEUTE GELAUNT

SO WAR ICH HEUTE GELAUNT

GESAMTBEWERTUNG

....

DATUM: .... DAUER: ....

DAS HABE ICH TRAINIERT: ....

....

....

DAS KANN ICH NÄCHSTES MAL BESSER MACHEN:..................................

....

....

DAS HAT MEIN TRAINER GESAGT:..

....

....

NOTIZEN:...

....

....

....

....

SO WAR MEIN PFERD HEUTE GELAUNT

....

SO WAR ICH HEUTE GELAUNT

....

GESAMTBEWERTUNG

....

DATUM: .... DAUER: ....

DAS HABE ICH TRAINIERT: ....

....

....

DAS KANN ICH NÄCHSTES MAL BESSER MACHEN: ....

....

....

DAS HAT MEIN TRAINER GESAGT: ....

....

....

NOTIZEN: ....

....

....

....

....

SO WAR MEIN PFERD HEUTE GELAUNT

....

SO WAR ICH HEUTE GELAUNT

....

GESAMTBEWERTUNG

....

DATUM: .... DAUER: ....

DAS HABE ICH TRAINIERT: ....

....

....

DAS KANN ICH NÄCHSTES MAL BESSER MACHEN: ....

....

....

DAS HAT MEIN TRAINER GESAGT: ....

....

....

NOTIZEN: ....

....

....

....

....

SO WAR MEIN PFERD HEUTE GELAUNT

....

SO WAR ICH HEUTE GELAUNT

....

GESAMTBEWERTUNG

....

DATUM: .... DAUER: ....

DAS HABE ICH TRAINIERT: ....

....

....

DAS KANN ICH NÄCHSTES MAL BESSER MACHEN: ....

....

....

DAS HAT MEIN TRAINER GESAGT: ....

....

....

NOTIZEN: ....

....

....

....

....

SO WAR MEIN PFERD HEUTE GELAUNT

....

SO WAR ICH HEUTE GELAUNT

....

GESAMTBEWERTUNG

....

DATUM: .... DAUER: ....

DAS HABE ICH TRAINIERT: ....

....

....

DAS KANN ICH NÄCHSTES MAL BESSER MACHEN: ....

....

....

DAS HAT MEIN TRAINER GESAGT: ....

....

....

NOTIZEN: ....

....

....

....

....

SO WAR MEIN PFERD HEUTE GELAUNT

SO WAR ICH HEUTE GELAUNT

GESAMTBEWERTUNG

....

DATUM: .... DAUER: ....

DAS HABE ICH TRAINIERT: ....
....
....

DAS KANN ICH NÄCHSTES MAL BESSER MACHEN: ....
....
....

DAS HAT MEIN TRAINER GESAGT: ....
....
....

NOTIZEN: ....
....
....
....
....

SO WAR MEIN PFERD HEUTE GELAUNT
....
SO WAR ICH HEUTE GELAUNT
....
GESAMTBEWERTUNG
....

DATUM: .... DAUER: ....

DAS HABE ICH TRAINIERT: ....
....
....

DAS KANN ICH NÄCHSTES MAL BESSER MACHEN: ....
....
....

DAS HAT MEIN TRAINER GESAGT: ....
....
....

NOTIZEN: ....
....
....
....
....

SO WAR MEIN PFERD HEUTE GELAUNT
....
SO WAR ICH HEUTE GELAUNT
....
GESAMTBEWERTUNG
....

DATUM: .... DAUER: ....

DAS HABE ICH TRAINIERT: ....
....
....

DAS KANN ICH NÄCHSTES MAL BESSER MACHEN: ....
....
....

DAS HAT MEIN TRAINER GESAGT: ....
....
....

NOTIZEN: ....
....
....
....
....
....

SO WAR MEIN PFERD HEUTE GELAUNT
....
SO WAR ICH HEUTE GELAUNT
....
GESAMTBEWERTUNG
....

DATUM: .... DAUER: ....

DAS HABE ICH TRAINIERT: ....

....

....

DAS KANN ICH NÄCHSTES MAL BESSER MACHEN: ....

....

....

DAS HAT MEIN TRAINER GESAGT: ....

....

....

NOTIZEN: ....

....

....

....

....

....

SO WAR MEIN PFERD HEUTE GELAUNT

....

SO WAR ICH HEUTE GELAUNT

....

GESAMTBEWERTUNG

....

DATUM: .... DAUER: ....

DAS HABE ICH TRAINIERT: ....
....
....

DAS KANN ICH NÄCHSTES MAL BESSER MACHEN: ....
....
....

DAS HAT MEIN TRAINER GESAGT: ....
....
....

NOTIZEN: ....
....
....
....
....
....

SO WAR MEIN PFERD HEUTE GELAUNT
....
SO WAR ICH HEUTE GELAUNT
....
GESAMTBEWERTUNG
....

DATUM: .... DAUER: ....

DAS HABE ICH TRAINIERT: ....

....

....

DAS KANN ICH NÄCHSTES MAL BESSER MACHEN: ....

....

....

DAS HAT MEIN TRAINER GESAGT: ....

....

....

NOTIZEN: ....

....

....

....

....

SO WAR MEIN PFERD HEUTE GELAUNT

SO WAR ICH HEUTE GELAUNT

GESAMTBEWERTUNG

DATUM: .... DAUER: ....

DAS HABE ICH TRAINIERT: ....

....

....

DAS KANN ICH NÄCHSTES MAL BESSER MACHEN:................

....

....

DAS HAT MEIN TRAINER GESAGT: ....

....

....

NOTIZEN: ....

....

....

....

....

SO WAR MEIN PFERD HEUTE GELAUNT

SO WAR ICH HEUTE GELAUNT

GESAMTBEWERTUNG

DATUM: .... DAUER: ....

DAS HABE ICH TRAINIERT: ....

....

....

DAS KANN ICH NÄCHSTES MAL BESSER MACHEN:.............................

....

....

DAS HAT MEIN TRAINER GESAGT: ....

....

....

NOTIZEN: ....

....

....

....

....

SO WAR MEIN PFERD HEUTE GELAUNT
....
SO WAR ICH HEUTE GELAUNT
....
GESAMTBEWERTUNG

....

DATUM: .... DAUER: ....

DAS HABE ICH TRAINIERT: ....
....
....

DAS KANN ICH NÄCHSTES MAL BESSER MACHEN: ....
....
....

DAS HAT MEIN TRAINER GESAGT: ....
....
....

NOTIZEN: ....
....
....
....
....
....

SO WAR MEIN PFERD HEUTE GELAUNT
....

SO WAR ICH HEUTE GELAUNT
....

GESAMTBEWERTUNG
....

DATUM: .... DAUER: ....

DAS HABE ICH TRAINIERT: ....
....
....

DAS KANN ICH NÄCHSTES MAL BESSER MACHEN: ....
....
....

DAS HAT MEIN TRAINER GESAGT: ....
....
....

NOTIZEN: ....
....
....
....
....

SO WAR MEIN PFERD HEUTE GELAUNT
....
SO WAR ICH HEUTE GELAUNT
....
GESAMTBEWERTUNG
....

DATUM: .... DAUER: ....

DAS HABE ICH TRAINIERT: ....
....
....

DAS KANN ICH NÄCHSTES MAL BESSER MACHEN: ....
....
....

DAS HAT MEIN TRAINER GESAGT: ....
....
....

NOTIZEN: ....
....
....
....
....

SO WAR MEIN PFERD HEUTE GELAUNT
....
SO WAR ICH HEUTE GELAUNT
....
GESAMTBEWERTUNG
....

DATUM: .... DAUER: ....

DAS HABE ICH TRAINIERT: ....

....

....

DAS KANN ICH NÄCHSTES MAL BESSER MACHEN:.......................................

....

....

DAS HAT MEIN TRAINER GESAGT: ....

....

....

NOTIZEN: ....

....

....

....

....

SO WAR MEIN PFERD HEUTE GELAUNT

....

SO WAR ICH HEUTE GELAUNT

....

GESAMTBEWERTUNG

....

DATUM: .... DAUER: ....

DAS HABE ICH TRAINIERT: ....
....
....

DAS KANN ICH NÄCHSTES MAL BESSER MACHEN: ....
....
....

DAS HAT MEIN TRAINER GESAGT: ....
....
....

NOTIZEN: ....
....
....
....
....
....

SO WAR MEIN PFERD HEUTE GELAUNT
....

SO WAR ICH HEUTE GELAUNT
....

GESAMTBEWERTUNG

....

DATUM: .... DAUER: ....

DAS HABE ICH TRAINIERT: ....
....
....

DAS KANN ICH NÄCHSTES MAL BESSER MACHEN:..........................
....
....

DAS HAT MEIN TRAINER GESAGT: ....
....
....

NOTIZEN: ....
....
....
....
....

SO WAR MEIN PFERD HEUTE GELAUNT
....
SO WAR ICH HEUTE GELAUNT
....
GESAMTBEWERTUNG
....

DATUM: .... DAUER: ....

DAS HABE ICH TRAINIERT: ....

....

....

DAS KANN ICH NÄCHSTES MAL BESSER MACHEN: ....

....

....

DAS HAT MEIN TRAINER GESAGT: ....

....

....

NOTIZEN: ....

....

....

....

....

SO WAR MEIN PFERD HEUTE GELAUNT

....

SO WAR ICH HEUTE GELAUNT

....

GESAMTBEWERTUNG

....

DATUM: .... DAUER: ....

DAS HABE ICH TRAINIERT: ....

....

....

DAS KANN ICH NÄCHSTES MAL BESSER MACHEN: ....

....

....

DAS HAT MEIN TRAINER GESAGT: ....

....

....

NOTIZEN: ....

....

....

....

....

....

SO WAR MEIN PFERD HEUTE GELAUNT

....

SO WAR ICH HEUTE GELAUNT

....

GESAMTBEWERTUNG

....

DATUM: .... DAUER: ....

DAS HABE ICH TRAINIERT: ....
....
....

DAS KANN ICH NÄCHSTES MAL BESSER MACHEN: ....
....
....

DAS HAT MEIN TRAINER GESAGT: ....
....
....

NOTIZEN: ....
....
....
....
....

SO WAR MEIN PFERD HEUTE GELAUNT
....
SO WAR ICH HEUTE GELAUNT
....
GESAMTBEWERTUNG

....

DATUM: .... DAUER: ....

DAS HABE ICH TRAINIERT: ....

....

....

DAS KANN ICH NÄCHSTES MAL BESSER MACHEN:..............

....

....

DAS HAT MEIN TRAINER GESAGT: ....

....

....

NOTIZEN: ....

....

....

....

....

SO WAR MEIN PFERD HEUTE GELAUNT

....

SO WAR ICH HEUTE GELAUNT

....

GESAMTBEWERTUNG

....

DATUM: .... DAUER: ....

DAS HABE ICH TRAINIERT: ....

....

....

DAS KANN ICH NÄCHSTES MAL BESSER MACHEN: ....

....

....

DAS HAT MEIN TRAINER GESAGT: ....

....

....

NOTIZEN: ....

....

....

....

....

....

SO WAR MEIN PFERD HEUTE GELAUNT

....

SO WAR ICH HEUTE GELAUNT

....

GESAMTBEWERTUNG

....

DATUM: .... DAUER: ....

DAS HABE ICH TRAINIERT: ....

....

....

DAS KANN ICH NÄCHSTES MAL BESSER MACHEN: ....

....

....

DAS HAT MEIN TRAINER GESAGT: ....

....

....

NOTIZEN: ....

....

....

....

....

SO WAR MEIN PFERD HEUTE GELAUNT

....

SO WAR ICH HEUTE GELAUNT

....

GESAMTBEWERTUNG

....

DATUM: DAUER:

DAS HABE ICH TRAINIERT:

DAS KANN ICH NÄCHSTES MAL BESSER MACHEN:

DAS HAT MEIN TRAINER GESAGT:

NOTIZEN:

SO WAR MEIN PFERD HEUTE GELAUNT

SO WAR ICH HEUTE GELAUNT

GESAMTBEWERTUNG

DATUM: .... DAUER: ....

DAS HABE ICH TRAINIERT: ....

....

....

DAS KANN ICH NÄCHSTES MAL BESSER MACHEN: ....

....

....

DAS HAT MEIN TRAINER GESAGT: ....

....

....

NOTIZEN: ....

....

....

....

....

SO WAR MEIN PFERD HEUTE GELAUNT

....

SO WAR ICH HEUTE GELAUNT

....

GESAMTBEWERTUNG

....

DATUM: DAUER:

DAS HABE ICH TRAINIERT:

DAS KANN ICH NÄCHSTES MAL BESSER MACHEN:

DAS HAT MEIN TRAINER GESAGT:

NOTIZEN:

SO WAR MEIN PFERD HEUTE GELAUNT

SO WAR ICH HEUTE GELAUNT

GESAMTBEWERTUNG

DATUM: .... DAUER: ....

DAS HABE ICH TRAINIERT: ....

....

....

DAS KANN ICH NÄCHSTES MAL BESSER MACHEN: ....

....

....

DAS HAT MEIN TRAINER GESAGT: ....

....

....

NOTIZEN: ....

....

....

....

....

SO WAR MEIN PFERD HEUTE GELAUNT

....

SO WAR ICH HEUTE GELAUNT

....

GESAMTBEWERTUNG

....

DATUM: .... DAUER: ....

DAS HABE ICH TRAINIERT: ....
....
....

DAS KANN ICH NÄCHSTES MAL BESSER MACHEN: ....
....
....

DAS HAT MEIN TRAINER GESAGT: ....
....
....

NOTIZEN: ....
....
....
....
....

SO WAR MEIN PFERD HEUTE GELAUNT
....
SO WAR ICH HEUTE GELAUNT
....
GESAMTBEWERTUNG
....

DATUM: .... DAUER: ....

DAS HABE ICH TRAINIERT: ....

....

....

DAS KANN ICH NÄCHSTES MAL BESSER MACHEN: ....

....

....

DAS HAT MEIN TRAINER GESAGT: ....

....

....

NOTIZEN: ....

....

....

....

....

SO WAR MEIN PFERD HEUTE GELAUNT

....

SO WAR ICH HEUTE GELAUNT

....

GESAMTBEWERTUNG

....

DATUM: .... DAUER: ....

DAS HABE ICH TRAINIERT: ....
....
....

DAS KANN ICH NÄCHSTES MAL BESSER MACHEN: ....
....
....

DAS HAT MEIN TRAINER GESAGT: ....
....
....

NOTIZEN: ....
....
....
....
....

SO WAR MEIN PFERD HEUTE GELAUNT
....
SO WAR ICH HEUTE GELAUNT
....
GESAMTBEWERTUNG
....

DATUM: .... DAUER: ....

DAS HABE ICH TRAINIERT: ....

....

....

DAS KANN ICH NÄCHSTES MAL BESSER MACHEN: ....

....

....

DAS HAT MEIN TRAINER GESAGT: ....

....

....

NOTIZEN: ....

....

....

....

....

SO WAR MEIN PFERD HEUTE GELAUNT

....

SO WAR ICH HEUTE GELAUNT

....

GESAMTBEWERTUNG

....

DATUM: DAUER:

DAS HABE ICH TRAINIERT:

DAS KANN ICH NÄCHSTES MAL BESSER MACHEN:

DAS HAT MEIN TRAINER GESAGT:

NOTIZEN:

SO WAR MEIN PFERD HEUTE GELAUNT

SO WAR ICH HEUTE GELAUNT

GESAMTBEWERTUNG

DATUM: .... DAUER: ....

DAS HABE ICH TRAINIERT: ....
....
....

DAS KANN ICH NÄCHSTES MAL BESSER MACHEN:...............
....
....

DAS HAT MEIN TRAINER GESAGT: ....
....
....

NOTIZEN: ....
....
....
....
....

SO WAR MEIN PFERD HEUTE GELAUNT
....
SO WAR ICH HEUTE GELAUNT
....
GESAMTBEWERTUNG
....

DATUM: .... DAUER: ....

DAS HABE ICH TRAINIERT: ....

....

....

DAS KANN ICH NÄCHSTES MAL BESSER MACHEN: ....

....

....

DAS HAT MEIN TRAINER GESAGT: ....

....

....

NOTIZEN: ....

....

....

....

....

SO WAR MEIN PFERD HEUTE GELAUNT

SO WAR ICH HEUTE GELAUNT

GESAMTBEWERTUNG

DATUM: .... DAUER: ....

DAS HABE ICH TRAINIERT: ....
....
....

DAS KANN ICH NÄCHSTES MAL BESSER MACHEN:..............................
....
....

DAS HAT MEIN TRAINER GESAGT: ....
....
....

NOTIZEN: ....
....
....
....
....

SO WAR MEIN PFERD HEUTE GELAUNT
....

SO WAR ICH HEUTE GELAUNT
....

GESAMTBEWERTUNG
....

DATUM: .... DAUER: ....

DAS HABE ICH TRAINIERT: ....
....
....

DAS KANN ICH NÄCHSTES MAL BESSER MACHEN: ....
....
....

DAS HAT MEIN TRAINER GESAGT: ....
....
....

NOTIZEN: ....
....
....
....
....

SO WAR MEIN PFERD HEUTE GELAUNT
....
SO WAR ICH HEUTE GELAUNT
....
GESAMTBEWERTUNG
....

DATUM: .... DAUER: ....

DAS HABE ICH TRAINIERT: ....

....

....

DAS KANN ICH NÄCHSTES MAL BESSER MACHEN: ....

....

....

DAS HAT MEIN TRAINER GESAGT: ....

....

....

NOTIZEN: ....

....

....

....

....

....

SO WAR MEIN PFERD HEUTE GELAUNT

....

SO WAR ICH HEUTE GELAUNT

....

GESAMTBEWERTUNG

....

DATUM: .... DAUER: ....

DAS HABE ICH TRAINIERT: ....

....

....

DAS KANN ICH NÄCHSTES MAL BESSER MACHEN: ....

....

....

DAS HAT MEIN TRAINER GESAGT: ....

....

....

NOTIZEN: ....

....

....

....

....

SO WAR MEIN PFERD HEUTE GELAUNT
....
SO WAR ICH HEUTE GELAUNT
....
GESAMTBEWERTUNG
....

DATUM: .... DAUER: ....

DAS HABE ICH TRAINIERT: ....

....

....

DAS KANN ICH NÄCHSTES MAL BESSER MACHEN: ....

....

....

DAS HAT MEIN TRAINER GESAGT: ....

....

....

NOTIZEN: ....

....

....

....

....

SO WAR MEIN PFERD HEUTE GELAUNT

....

SO WAR ICH HEUTE GELAUNT

....

GESAMTBEWERTUNG

....

DATUM: .... DAUER: ....

DAS HABE ICH TRAINIERT: ....
....
....

DAS KANN ICH NÄCHSTES MAL BESSER MACHEN: ....
....
....

DAS HAT MEIN TRAINER GESAGT: ....
....
....

NOTIZEN: ....
....
....
....
....

SO WAR MEIN PFERD HEUTE GELAUNT
....
SO WAR ICH HEUTE GELAUNT
....
GESAMTBEWERTUNG
....

www.ingramcontent.com/pod-product-compliance
Lightning Source LLC
Chambersburg PA
CBHW070737250726
48662CB00004B/1575